AF338444

L'AVENIR ÉCONOMIQUE

DE

L'ESPAGNE ET DU PORTUGAL

PAR

EUGÈNE ROCHETIN

CHEVALIER DE LA LÉGION D'HONNEUR
OFFICIER DE L'INSTRUCTION PUBLIQUE
RÉDACTEUR AU « JOURNAL DES ÉCONOMISTES » ET A LA « REVUE POLITIQUE ET PARLEMENTAIRE »
MEMBRE DE LA SOCIÉTÉ D'ÉCONOMIE POLITIQUE, DE LA SOCIÉTÉ DE STATISTIQUE DE PARIS
ET DES COMITÉS D'ADMISSION DE L'EXPOSITION UNIVERSELLE DE 1900

Communication faite à la Société de Statistique de Paris (Séance du 15 mars 1899)

PARIS

BERGER-LEVRAULT ET Cⁱᵉ, ÉDITEURS

5, RUE DES BEAUX-ARTS, 5

—

1899

DU MÊME AUTEUR

La Caisse nationale de prévoyance ouvrière et l'intervention de l'État. 1 volume.

Les Assurances ouvrières, mutualités contre la maladie, l'incendie et le chômage. 1 volume.

(Ouvrages honorés d'une souscription du Ministère du commerce et de l'industrie.)

Le Vrai principe mutuel. 1 brochure.

Les Caisses de capitalisation ou les imprévoyants de l'avenir. 1 volume.

La Production des Compagnies françaises et américaines d'assurances sur la vie. 1 brochure.

La Réforme de notre régime hypothécaire. 1 brochure.

L'Assurance contre le chômage industriel. 1 volume.

L'Assurance sur la vie, ses diverses transformations. 1 brochure.

Le Crédit agricole et la production rurale. 1 brochure.

Histoire de l'assurance en France et à l'étranger (compte rendu). 1 brochure.

Les Associations fraternelles d'assurances aux États-Unis. 1 brochure.

La Question de l'excédent et le régime légal appliqué aux Compagnies étrangères d'assurances sur la vie. 1 brochure.

L'Antagonisme entre les Compagnies françaises et étrangères d'assurances sur la vie. 1 brochure.

La Législation des assurances fraternelles aux États-Unis. 1 brochure.

Les Premières associations coopératives en Grèce vers la fin du dix-huitième et au commencement du dix-neuvième siècle. 1 brochure.

L'AVENIR ÉCONOMIQUE

DE

L'ESPAGNE ET DU PORTUGAL

L'ESPAGNE.

I.

On peut dire que l'Espagne est, de toutes les nations d'Europe, celle dont les richesses — richesses minières, produit du sol en général — ont été le moins exploitées et par conséquent le moins appréciées, précisément parce qu'elles n'étaient pas connues.

A l'inverse de ses colonies, dont le commerce a presque toujours été florissant, l'Espagne est restée longtemps ignorée de nos hommes d'affaires, de nos agronomes, de tous ceux en un mot qui, par relations ou par état, pouvaient le mieux s'occuper ou tirer parti des richesses abondantes dont la nature et le climat l'ont gratifiée.

Quelle variété de produits, en effet, elle peut étaler aux yeux du chef d'entreprise et du travailleur de la terre résolus à trouver les débouchés nécessaires pour les écouler! Pas de nation qui, à ce point de vue, nous intéresse autant et soit aussi digne de notre attention.

Si nous considérons l'aspect du pays lui-même, nous ne tarderons pas à être frappés par la sauvage grandeur de ses sites montagneux, par l'immensité de ses plaines, par les rives encaissées de ses fleuves : le Tage, le Segura, le Guadiana, le Guadalquivir, l'Èbre (que les anciens appelaient *Iberus*), etc.; par le pittoresque costume de ses habitants, aux usages si divers, aux mœurs si simples et si patriarcales; par la beauté de ses antiques édifices, qui rappellent des jours glorieux où des épisodes célèbres de son histoire.

Amilcar Barca, le premier conquérant de l'Espagne, où il trouva d'ailleurs son tombeau, ne se couvrit-il pas des dépouilles de ses provinces ravagées ? Ses cités principales n'ont-elles pas eu pour fondateurs des personnages illustres de l'antiquité ? Grecs, Romains, Carthaginois, etc. : Asdrubal qui bâtit Carthagène, Marcellus qui fonda Cordoue, Brutus qui jeta les premières assises de Valence ? —

Annibal, les deux Scipions, Caton, Galba, Métellus, Sertorius, n'y ont-ils pas laissé également le souvenir de leurs actions héroïques, de leurs belliqueuses entreprises ? Et, bien avant eux, les Phéniciens, établis sur les rives de l'Hispanie, ne peuplèrent-ils pas Gadès (Cadix), Hispolis (Séville), etc., c'est-à-dire toute la région de la Bétique ?

Dès l'arrivée de ces colonies industrieuses et affairées, des explorations avaient été ordonnées, en effet. On chercha à se rendre compte des gisements miniers. L'Espagne, alors, fut le terrain d'action d'une multitude de pionniers aventureux, habiles à fouiller son sol et à lui arracher des trésors jamais épuisés.

Bientôt, cependant, la Péninsule vit les dévastations des Vandales et autres peuples barbares. Les tribus mauresques, à leur tour, firent leur apparition, et ce fut une véritable prise de possession. Le territoire, il est vrai, se couvrit de centres industrieux qui, bien qu'éclos sous la main de l'étranger, facilitèrent les transactions et étendirent leurs ramifications partout ; mais l'Espagne perdit son autonomie propre ; elle ne trouva pas de maîtres, car cette nation fière et généreuse ne pouvait supporter aucun joug. Elle finit, néanmoins, par apprécier les efforts et les tentatives hardies de ces initiateurs éclairés, qui surent ménager parfois sa susceptibilité et développer la richesse d'un domaine que le destin leur avait provisoirement concédé.

Quelques siècles plus tard, le pays recouvra son indépendance. Arrivée même au faîte de la puissance et de la gloire, l'Espagne négligea momentanément les produits de son sol ; la main qui tenait l'épée était devenue inapte à diriger le soc de la charrue, à se servir de la pioche, à creuser la mine, à élever des constructions capables d'abriter les moissons récoltées. Heureusement, ce ne fut qu'un temps d'arrêt. Aujourd'hui, l'Espagne est sortie de son ancienne torpeur ; elle marche d'un pas égal et sûr dans la voie du progrès. Son commerce et son industrie se développent, en raison de la facilité accordée aux échanges et aux transactions en général.

Nous voulons démontrer, par des chiffres, la réalité de cette prospérité, trop tôt arrêtée, que d'aucuns se sont plu à contester, et arriver à cette conclusion que jamais l'Espagne n'a été en meilleure situation économique et financière jusqu'au jour où une guerre fatale l'a obligée de faire face à ses adversaires. Les statistiques nous révéleront, au surplus, ce que des appréciations superficielles seraient impuissantes à fournir : la preuve manifeste de sa vitalité, l'existence de ressources qu'on ne soupçonne pas, la certitude d'un avenir brillant si, grâce à la sagesse et à la prudence de ses hommes d'État, elle sait se soustraire aux agitations politiques qui l'affaiblissent et l'énervent trop souvent.

Nous nous occuperons donc successivement de sa population, de son agriculture, de son industrie, de son commerce et de ses finances.

L'Espagne, on le sait, jouit d'un des plus beaux climats d'Europe. Les champs de la Catalogne, de l'Andalousie et de la province de Valence sont, entre autres, d'une fertilité sans égale. Malheureusement, le cultivateur a un rude adversaire à combattre : c'est l'aridité. Dans les autres provinces, dès le commencement de l'été, règne la plus grande sécheresse. De tout temps, les autorités du pays se sont préoccupées de cet état de choses. On a cherché à y remédier au moyen du reboisement de vastes étendues ; cela n'a pas suffi. Ce qu'il faudrait, surtout, ce serait d'établir sur les rives des fleuves et autres cours d'eau des dérivations nombreuses pour que les terres pussent être arrosées abondamment, seule manière de parer aux conséquences de ce qui, en Espagne, — à l'exception des provinces de Valence, d'Alicante et de Murcie — constitue un véritable fléau. D'importants travaux ont été faits dans ce but, d'autres ne tarderont pas à être entrepris. C'est une question d'une réelle importance pour l'agriculture du pays.

Longtemps les voies de communication ont fait également défaut dans la Péninsule. Aussi, l'établissement des chemins de fer a-t-il rendu de signalés services à la population, étant donnée la multiplicité des obstacles opposés jadis par les montagnes aux rapports des habitants entre eux. Il s'agit de poursuivre le tracé de nouvelles voies et de compléter les travaux de canalisation déjà commencés. Si, d'autre part, l'Espagne parvenait à draguer ses fleuves qui, jusqu'ici, n'ont guère pu servir à la navigation d'une façon sérieuse, à cause de leur faible tirant d'eau, elle aurait chance de doubler ses moyens de trafic. Les bonnes relations qu'elle entretient, d'ailleurs, avec le Portugal, ont facilité, à l'Est, l'extension de ses transactions commerciales et assuré à ses produits de nouveaux débouchés, et l'on peut dire que l'union de ces deux pays leur a garanti des avantages réciproques.

Quant à la population, elle a augmenté dans de très fortes proportions depuis le siècle dernier. En 1723, l'Espagne comptait à peine 7 900 000 habitants; cinquante ans après, en 1773, elle en avait 9 200 000; en 1823, on relève le chiffre de 11 200 000; en 1834, on peut inscrire celui de 14 660 000. En cent ans, la population avait doublé. Le dénombrement de 1877 donnait 16 631 869 habitants; celui de 1887, 17 565 632 (la population des Canaries étant comprise pour 289 728). Aujourd'hui, la reine régente, Marie-Christine, doit avoir près de 19 millions de sujets.

Il est facile d'expliquer cette augmentation graduelle de la population. D'abord, le mouvement d'émigration, si développé au courant de l'autre siècle, a paru s'arrêter au cours de celui-ci; les colonies espagnoles se sont déclarées indépendantes, pour la plupart; la durée de la vie moyenne, qui s'est prolongée presque partout, en raison de l'amélioration des méthodes thérapeutiques, des règles de l'hygiène, etc., s'est étendue également dans la Péninsule : d'où un plus grand nombre de naissances et une réduction dans le nombre des décès; les vocations monastiques ont de même diminué (1); les préjugés de caste, par suite d'un contact plus marqué entre les divers éléments de la population, ont peu à peu disparu; d'où encore la facilité des unions et leur fécondité relative (2).

Une remarque à faire, en passant, c'est qu'au moyen âge, la participation des bourgeois aux affaires publiques fut pour ainsi dire générale. La population des villes avait décuplé. Leurs députés aux Cortès de Castille, notamment au XIIe siècle, étaient extrêmement nombreux et noyaient dans leur ensemble ceux envoyés par la noblesse; la proportion était à peu près d'un noble pour cinq bourgeois. L'Espagne nous a donc précédés dans la voie des réformes, au point de vue représentatif, et la patrie de Charles-Quint peut être fière à bon droit d'avoir été le

---

(1) Il y a un siècle, l'Espagne comptait 200 000 moines ou ecclésiastiques, soit 1 par 51 habitants, lesquels jouissaient d'un revenu de 150 millions environ. Ils possédaient, en outre, plus de 3 milliards sur la valeur totale du capital territorial du pays.

(2) Quant aux nobles, au nombre de 478 000 en 1794, il y en avait 1 sur 21 habitants; aujourd'hui, cette proportion est de 1 sur 80 habitants.

berceau des libertés conquises par les communes. Les corporations de métiers
jouirent même de plusieurs priviléges à cette époque; les artisans s'unirent, de
grands travaux furent entrepris. De là un surcroît de vitalité donné à l'élément
producteur, qui n'a fait que se développer depuis.

II.

Parlons maintenant de l'agriculture espagnole. Une revision cadastrale, faite en
1803, donna des résultats qui, en ce temps-là, surprirent quelque peu les statisti-
ciens, habitués à considérer le sol ibérique comme fort négligé par ses possesseurs.
Les cultures en jachères furent évaluées à 8 millions d'hectares; les pâturages et
les propriétés diverses à 23 millions; les forêts et taillis à 3 millions; les montagnes
et les rivières à un peu plus de 2 millions. L'étendue totale était de 37 millions
d'hectares.

Mais c'était là une estimation qui aurait eu besoin d'être sérieusement contrôlée,
si l'on considère surtout que, de nos jours, les terres arables ne comprennent que
12 millions d'hectares, tout au plus, et les pâturages 7 millions seulement. Or,
dans ce chiffre de 19 millions, formé par les terres arables et les pâturages, il n'y
a que 900 000 hectares de terres irriguées. Si l'on y ajoute celui des forêts, des
vignes, des plantations d'oliviers et des terres non utilisées, on arrive à un total de
27 millions d'hectares, pas davantage.

Ce chiffre global représente simplement 56 p. 100 de la surface totale du pays.
Cependant, il est juste de faire remarquer qu'en 1803, le domaine agricole n'em-
brassait que le quart de cette surface. Les progrès réalisés à partir de cette époque
ont donc été relativement considérables dans la Péninsule.

Les pâturages et les montagnes occupent une très grande partie du territoire
espagnol; mais ces montagnes, il faut le dire, renferment des gisements d'une
incomparable richesse. Quelques-uns sont déjà exploités, d'autres le seront bientôt.
Alors l'Espagne verra ses ressources s'accroître et sa prospérité augmenter dans
des proportions inconnues jusqu'à ce jour.

Il y a cent ans, la production en céréales atteignait à peine 35 millions d'hectolitres; aujourd'hui, d'après des documents officiels récents, la récolte s'élève à
environ 68 millions d'hectolitres. L'hectare rapportait, au commencement du siècle,
moins de 12 hectolitres; il en rapporte actuellement 29. On peut calculer qu'à la
même époque, il n'y avait que 6 millions d'hectares de terres labourables et 2 millions, pas plus, d'hectares de cultures particulières. De nos jours, il y a 14 millions
d'hectares de terres labourables et 6 millions d'hectares de cultures particulières.
On voit quel développement a été donné à la production agricole.

Les vignes, également, au commencement du siècle, rapportaient à peu près,
par an, 900 000 hectolitres de vin; l'hectare n'en donnait tout au plus qu'une quin-
zaine. Aujourd'hui, elles en rapportent 19 millions, et l'hectare procure un rendement de 18 hectolitres.

Il n'y avait, de même, que 400 000 hectares de vignes en 1803; on en compte
près de 1 200 000 à l'heure actuelle.

En effet, dans presque toutes les provinces, la vigne est cultivée avec un soin
particulier et dans des proportions qui, quoique variables, augmentent progressi-

vement. Quelques-uns des vins récoltés ont, depuis longtemps, une réputation justement méritée. Les vins communs, d'ailleurs, donnent lieu, depuis une série d'années, à des transactions multipliées; ils constituent une des branches d'exploitation les plus productives du pays. L'énorme développement du commerce d'exportation est là pour le prouver.

Il y a vingt ans, l'Espagne n'exportait que 2 millions d'hectolitres de vin environ; en 1878, ce chiffre atteignait 2 672 000; quatre ans après, en 1882, les exportations avaient triplé : elles étaient de 7 670 000 hectolitres. Or, la proportion n'a pas cessé de se maintenir depuis.

C'est chez nous que la plus grande partie de la production vinicole est consommée. En 1884, l'importation a été de 4 851 000 hectolitres; en 1885, nous relevons le chiffre de 5 341 000; en 1886, la valeur totale des marchandises importées en France était évaluée à 397 millions, et, dans cette estimation, les vins étaient compris pour un chiffre très important. L'Amérique et l'Angleterre achètent aussi beaucoup de ces vins, dont la richesse alcoolique est de 10 à 11 degrés.

En revanche, les importations d'alcool, en Espagne, se sont élevées à 577 000 hectolitres en 1882 et à 948 000 hectolitres en 1885. A partir de 1892, les nouveaux tarifs appliqués ont puissamment agi sur le commerce de ce produit. Le droit prohibitif de 160 piécettes par hectolitre a empêché toute importation du dehors. En outre, on a construit de nombreuses usines, notamment à Málaga, qui fournissent actuellement des spiritueux d'excellente qualité.

En fait de bétail, on inscrivait, au total, dans les premières années de notre siècle, 2 800 000 chevaux, ânes, porcs et bêtes à cornes; à l'heure présente, ce nombre a plus que triplé : il est de 8 799 756.

Voici, au surplus, les chiffres constatés pour l'ensemble du bétail et des troupeaux : on compte 2 millions de bœufs environ, 16 millions de moutons, 2 500 000 chèvres, 2 millions de porcs et plus de 1 million de chevaux et de mulets, donnant à la consommation 306 832 000 livres de viande.

Il y a cinquante ans, on ne relevait encore que le tiers à peu près de ces quantités, surtout en ce qui concerne les bœufs, les chèvres et les mulets.

Et cependant, certaines servitudes, imposées jadis, avaient augmenté l'étendue des pâtures et des terres incultes, principalement dans la partie centrale du pays. Tout était sacrifié alors aux troupeaux; il y avait un droit de parcours reconnu, de telle sorte que l'élevage des bestiaux était pratiqué par la presque totalité des habitants de la campagne. Ces entraves ont disparu peu à peu. Aussi cette branche de produits s'est-elle progressivement développée. La race ovine, notamment, a été l'objet d'un soin particulier de la part des populations agricoles, spécialement la race dite *mérinos*. La laine en était fort recherchée, et aujourd'hui encore elle n'a rien perdu de son ancien renom.

Les porcs et les mulets viennent après les bêtes à cornes, comme branche importante d'élevage. On en exporte des quantités considérables.

Le chiffre de la population agricole est intéressant à relever. Il était, il y a un peu plus de cinquante ans, de 1 860 000; soit 360 000 propriétaires cultivateurs, 300 000 fermiers et 1 200 000 journaliers et ouvriers.

Aujourd'hui, cette population est de 4 500 000, qui se décompose en 1 500 000 propriétaires cultivateurs; 500 000 fermiers et 2 500 000 ouvriers des champs.

Si l'on se place au point de vue de la répartition du sol entre les populations agricoles, on est amené à reconnaître que l'Espagne est une des nations les plus favorisées sous ce rapport.

Jadis, les richesses qu'elle tirait de ses possessions d'outre-mer lui permettaient de s'approvisionner largement au dehors en céréales; elle était dispensée ainsi de trouver chez elle le complément nécessaire à sa subsistance; mais depuis la proclamation d'indépendance de ses colonies, elle a dû chercher à développer les cultures sur son sol, et elle y est parvenue à force de persévérance et de labeur.

On peut répartir ainsi sa production en grains :

	Produit total.	Rendement par hectare.
Froment	28 945 000	10,79
Orge	15 729 000	15,66
Avoine	3 584 000	13,05
Seigle	6 420 000	9,88
Riz	1 923 000	35,33
Maïs	5 846 000	16,65
Pois	792 000	5,80
Haricots	1 615 000	10,05

Faisons observer que les blés d'Espagne sont en général très estimés de la meunerie.

Il y a cinquante ans — nous tenons à nous reporter à un demi-siècle en arrière, époque où l'agriculture reçut des soins constants et particuliers — il y a cinquante ans, disons-nous, la consommation de la population était de 50 750 hectolitres et l'exportation à l'étranger de 632 000 seulement. Les terres en rapport n'avaient qu'une étendue de 5 137 000 hectares; elles en ont aujourd'hui près de 8 millions. Le froment seul est cultivé sur 3 000 000 d'hectares environ, l'orge sur 1 300 000, l'avoine, le maïs et le seigle sur 2 000 000. En outre, la culture de la pomme de terre porte sur plus de 200 000 hectares.

Certainement, aucune nation du continent n'a fait de pareils progrès en matière agricole depuis un demi-siècle. C'est dire quels champs vastes elle a conquis sur les surfaces improductives.

En fait de productions en vin, eau-de-vie et huile, qui sont une des principales ressources du pays, on peut les évaluer ainsi, à l'heure actuelle : 19 millions environ d'hectolitres de vin, 2 200 000 hectolitres d'eau-de-vie, et 3 400 000 hectolitres d'huile.

On sait que l'huile fabriquée en Espagne est généralement d'excellente qualité.

L'Espagne, d'ailleurs, marche au premier rang pour ce produit, bien avant l'Italie et la France. Voici comment sont classées ces trois nations, sous le rapport du rendement :

Espagne (production moyenne)	2 500 000 litres.
Italie	1 300 000 —
France	300 000 —

Les commerçants de la Péninsule exportent aussi une grande quantité de raisins frais. Ce trafic atteint annuellement 12 millions environ de kilogrammes. Le commerce des oranges et des citrons dépasse, de son côté, 100 millions de kilogrammes; la récolte de la canne à sucre varie, elle aussi, de 20 à 25 millions de kilogrammes; enfin, la sériciculture donne également, dans les bonnes années, de 900 000 à 1 million de kilogrammes de cocons. Ainsi des autres articles récoltés.

En 1834, le produit brut du territoire s'élevait à 1 847 160 000 fr. pour une population de 14 660 000 âmes. Il atteint aujourd'hui près de 4 milliards pour une population de 19 000 000 d'âmes. L'industrie figure dans ce chiffre pour plus de 900 millions à elle seule.

Que n'y aurait-il pas à attendre encore de la production, si tous les terrains restés en friche, dans ce pays, étaient mis en culture et apportaient leur contingent à son rendement général ? Si, dans l'Estramadure, notamment, où des surfaces immenses sont inexploitées, la mise en valeur venait augmenter les récoltes en blé, en chanvre, en lin, etc., qui ont assuré jusqu'ici de si sérieux profits ? Il n'est pas de région au monde où l'exploitation agricole pourrait offrir des résultats supérieurs.

En 1794, on relevait le chiffre de 10 100 000 habitants, ce qui donnait 56 ares en terre arable pour chacun d'eux; en 1830, c'est-à-dire en moins de quarante années, la proportion n'était déjà plus la même; les terres arables avaient presque doublé d'étendue et leurs produits s'étaient élevés en raison de cette mise en valeur.

Le développement de l'agriculture a donc été considérable en Espagne depuis le commencement du siècle. Rien d'étonnant à ce que les produits aient obtenu un pareil accroissement. Songez, en effet, que ces terres cultivées le sont sous le climat le plus favorable, le plus sain, le moins inégal et que les récoltes y sont non seulement abondantes, mais encore de la meilleure qualité. Car les habitants vivent là sous un ciel béni, à l'abri, pour la plupart, des influences climatériques et sans souci des fléaux qui, dans d'autres contrées, bouleversent le sol et le ruinent complètement.

Qu'a-t-il fallu pour rendre ces terres fertiles ? Que faudrait-il encore pour accroître ces richesses ? Une irrigation bien conduite, nous le répétons; de l'eau en abondance, élément qui devient, dans ces parages, le seul, le véritable engrais de la terre.

Les produits purement industriels que nous fournit l'Espagne ont été également fort appréciés à toutes les époques. Il n'est pas téméraire d'affirmer qu'elle a été une des premières nations qui, à ce point de vue, se soient acquis une réputation incontestée. Déjà, sous la domination des Maures, les fabriques de Cordoue, Séville, Valence, Ségovie, etc., étaient universellement connues. Les soies, les laines, les draps surtout, trouvaient au dehors de sûrs débouchés. Au xviiie siècle, les draps de Ségovie étaient particulièrement recherchés. Presque toutes les cours d'Europe s'approvisionnaient dans cette ville. Ce ne fut qu'un siècle plus tard que cette vogue cessa et que la concurrence fit perdre aux draps de cette contrée de l'Espagne son antique réputation.

L'État, d'ailleurs, s'était réservé le quasi-monopole d'un certain nombre d'industries : porcelaine, papier, glaces, tapis, poterie, armes, etc. Cet accaparement restreignit considérablement les transactions et porta un coup funeste à la production en général, car la concurrence n'était plus possible.

Le monopole était absolu pour le plomb, les cartes à jouer, l'eau-de-vie, la cire, le sel, le mercure, le soufre et le tabac ; et les impôts étaient considérables sur les produits des autres industries.

Heureusement, la couronne renonça, par la suite, à quelques-uns de ces monopoles ; elle cessa de mettre des entraves au développement des matières fabriquées, et l'Espagne vit son industrie, sinon florissante, du moins placée à un bon rang parmi celles des autres nations.

Quant aux produits minéraux, nous l'avons dit, ils ont éveillé de tout temps les convoitises des peuples qui ont fini par s'établir sur le territoire espagnol. Ceux-ci, Romains ou Carthaginois, en tirèrent de véritables trésors. Lors de l'invasion des barbares, l'industrie minière subit naturellement des fortunes diverses ; mais le sol exploité offrait toujours un rendement des plus appréciables.

Pour ne s'en tenir qu'aux mines de fer et d'acier, on comptait déjà, au commencement du siècle dernier, environ 250 usines, rien que dans les seules provinces du Guipuzcoa et de la Biscaye, lesquelles produisaient par an 1 000 quintaux de minerai. La houille, le lignite, le zinc, le manganèse, le plomb, le mercure, le cuivre donnent aujourd'hui une production considérable, qui pourrait être encore augmentée dans de très larges proportions.

L'Espagne est la seule région du midi de l'Europe où le minerai se trouve en grande quantité et soit d'une extraction relativement facile et peu coûteuse ; l'étendue des bassins miniers est évaluée à plus de 180 000 hectares ; la surface en exploitation n'est que de 70 000 hectares à peu près.

Il appartient au gouvernement d'encourager l'exploitation de ces mines et d'en tirer ainsi de nouvelles ressources.

Il n'est pas jusqu'à des gisements de pétrole et d'asphalte qui n'aient été découverts en Espagne, du côté de Burgos, et qui, en ce moment, ne donnent d'excellents résultats.

III.

En ce qui concerne le commerce espagnol, les données abondent. Son origine remonte à l'époque la plus reculée, à l'établissement des colonies grecques et phéniciennes sur le sol ibérique. La première ville fondée par elles, Cadix, qui aujourd'hui encore n'a pas déchu de son antique réputation, fut d'abord le siège d'importantes transactions ; Valence et Malaga, construites ensuite, secondèrent le mouvement. Des intérêts multiples les relièrent peu à peu aux autres villes du littoral, et l'on peut dire que l'Espagne vit s'ouvrir alors une phase absolument prospère pour son commerce et sa navigation. Elle exportait non seulement les minerais, les soies, les huiles, mais aussi les tissus de laine et de coton, les draps, les armes, les bois de construction et tous les produits des villes de Grenade, de Cordoue, de Baza, de Sagonte (aujourd'hui Murviédro), de Murcie, etc.

La défaite des Maures ralentit un instant le commerce espagnol, mais il reprit peu après, avec une vigueur nouvelle, lors de la découverte de l'Amérique par Christophe Colomb. Désormais, l'Amérique devint son champ d'action et les transactions augmentèrent, en effet, dans des proportions inconnues jusque-là. Les vaisseaux espagnols et portugais sillonnèrent les mers ; de hardis trafiquants s'enrichirent ; l'Espagne traversa l'époque la plus glorieuse dont les annales des peuples fassent mention.

Malheureusement, le mouvement d'émigration avait été tel que le sol de la mère patrie fut bientôt déserté; les bras manquèrent pour le cultiver; l'Espagne se trouva, dès lors, plongée dans une sorte de marasme dont elle eut grand'peine à sortir. Son commerce se ressentit de ce fâcheux état d'abandon. Les produits coloniaux seuls donnaient lieu à quelque trafic; la contrebande, de son côté, vint restreindre les droits exigés par le fisc, et il fallut que, par un acte d'énergie, le gouvernement mît un terme à cette situation déplorable.

Longtemps le commerce espagnol borna ses transactions aux colonies. La métropole devint l'entrepôt des produits, au lieu d'en être la véritable source, et ce ne fut que vers les premières années du siècle, après une suite d'expéditions, de guerres et de convulsions intérieures, que cet état de choses prit fin.

Les circonstances avaient tout modifié. Le commerce allait reprendre, mais sans la participation des colonies, qui s'étaient déclarées indépendantes. Aussi les affaires se rétablirent-elles lentement. En 1827, voici quel était le tableau des importations et des exportations :

	Importations.	Exportations.
Commerce avec l'étranger.	65 052 000 fr.	60 501 000 fr.

Aujourd'hui, l'Espagne a renoué depuis longtemps — et avec fruit — des rapports commerciaux avec toutes les autres nations. Les chiffres de ses importations et de ses exportations en sont la meilleure preuve; ses importations se sont élevées dernièrement à 793 millions environ et ses exportations à plus de 924 millions.

Disons-le, le commerce de l'Espagne ne se borne plus, comme autrefois, à un échange de produits entre elle et ses colonies et à un transit d'or et d'argent importés de ses possessions d'Amérique, notamment du Pérou et du Mexique; elle exporte une partie de ses productions agricoles contre certains objets de consommation dont elle a besoin chez elle. Elle nous fournit quelques céréales — très peu — lorsque les blés d'Amérique, de l'Australie et des provinces méridionales de la Russie ne suffisent pas à notre consommation, et nous lui envoyons nos articles de Paris, en échange de ses huiles, de ses vins (1), de ses soies brutes, fort appréciées, de ses laines, de ses nattes, de ses cuirs, de ses matières textiles, de ses produits tinctoriaux, de ses fruits secs et de ses denrées en général.

Nous avons déjà parlé de ses mines, si riches en fer, en cuivre, en zinc, en plomb, en houille, etc., et qui, mieux exploitées, pourraient fournir un rendement considérable et approvisionner tous les marchés d'Europe; nous ne reviendrons pas sur ce sujet. Donnons plutôt quelques chiffres sur la production totale du royaume depuis une série d'années. La comparaison de ces chiffres avec ceux d'aujourd'hui finira de nous éclairer sur les progrès réalisés dans la Péninsule.

Il y a cinquante ans, le montant des importations et des exportations ne s'élevait pas à plus de 300 millions. En 1865, les produits de toutes sortes, récoltés sur le sol espagnol et faisant l'objet de multiples transactions, étaient déjà évalués à 680 millions de francs environ. Comme aujourd'hui, le commerce d'exportation portait surtout sur les vins, les eaux-de-vie et les raisins secs, qui atteignaient à eux seuls un chiffre de 120 millions.

---

(1) La statistique française compte au commerce spécial plus de 4 600 000 hectolitres de vins espagnols importés en France en 1896.

Or, les chiffres que nous venons de citer ont augmenté depuis dans de notables proportions. On a pu constater, par ceux de 1897, date des derniers relevés, l'accroissement du commerce espagnol, en général. Ainsi, d'une valeur de 300 millions seulement il y a cinquante ans, les transactions se sont élevées à 878 millions en 1873 (en dépit de l'agitation carliste), à 785 millions en 1874, à 714 millions en 1875. A partir de cette dernière année, c'est-à-dire depuis l'avènement d'Alphonse XII, soit dans une période de vingt ans, le calme s'étant fait dans les esprits, le trafic a presque doublé, puisque nous le trouvons à 1 718 millions. Ajoutez à ce chiffre la valeur que le cabotage transporte sur les côtes, et qui ne doit pas être moindre de 1 milliard à 1 200 millions, et l'on arrive à un ensemble de transactions de près de 3 milliards.

N'est-ce pas là un produit considérable et capable de nous donner une haute idée de l'activité commerciale déployée aujourd'hui dans toute la Péninsule ?

Il serait heureux que nous contractions avec l'Espagne des arrangements commerciaux de nature à consolider les bonnes relations que nous avons eues constamment avec elle. En tous cas, il était utile que le *modus vivendi* expirant en 1894 fût renouvelé, puisqu'il nous a permis de jouir du traitement de la nation la plus favorisée.

Bien qu'au point de vue de la navigation, l'Espagne vive surtout de souvenirs, le mouvement de ses ports est des plus actifs. Cadix et Barcelone rapportent à eux seuls des taxes considérables à son Trésor et peuvent lutter, comme tonnage, avec quelques-uns de nos plus grands ports de commerce.

L'Espagne a perdu ses principales colonies; mais ne sera-ce pas là un bienfait pour le pays, qui pourra désormais respirer plus à l'aise. Il lui sera possible, en tous cas, de consacrer son énergie au développement de ses ressources naturelles, et elle n'aura plus besoin de se ruiner pour des possessions qui, en somme, constituaient jadis plutôt un fardeau pour elle qu'un véritable élément de prospérité. Cependant, font partie encore de son domaine d'outre-mer, les Carolines, que les Allemands, jadis, cherchèrent à lui disputer, les îles Mariannes, Fernando-Po, et quelques autres centres coloniaux de moindre importance.

Les lignes de chemins de fer exploitées actuellement en Espagne ont une longueur de 13 095 kilomètres. On sait quel soin a été donné par le gouvernement, depuis une trentaine d'années, au développement de ses voies ferrées. On peut dire que les différents travaux entrepris dans ce but ont assuré partout les moyens de communication et transformé, comme en d'autres pays, du reste, des contrées entières en des centres de production jusque-là privés de toute espèce de trafic, au grand dommage des transactions en général. Ajoutons qu'en 1895, il a été ouvert, en Espagne, presque autant de kilomètres de chemins de fer qu'en France : 2 292 contre 2 476.

De même, on a créé quantité d'offices postaux qui sont, à l'heure présente, au nombre de 2 954.

Les bureaux télégraphiques, également, sont devenus plus nombreux. On en compte aujourd'hui 1 421 (dont 912 bureaux de l'État).

Nous avons dit que les finances de l'Espagne s'étaient peu à peu améliorées. Depuis longtemps, en effet, le gouvernement a remanié l'assiette de l'impôt pour ne faire porter ses taxes que sur des objets nécessitant un contrôle rigoureux. Aujourd'hui, sous la direction éclairée de ses divers ministres des finances, de grandes réformes se sont accomplies, et si les dépenses de guerre n'étaient venues obérer le budget, les opérations du Trésor auraient continué leur marche normale et régulière ; car la dette publique avait été réduite de 394 millions dans une période de dix ans, de 1885 à 1895, alors que presque tous les autres États avaient augmenté la leur. D'importants excédents de recettes avaient été constatés aussi dans les exercices suivants. Il est certain que, si la révolte des Cubains ne s'était pas produite, l'Espagne n'aurait rencontré aucune grosse difficulté d'ordre financier. Ses recettes ont été de 773 766 361 fr. en 1896 et ses dépenses de 757 millions 765 658 fr.

A l'heure actuelle, les hommes d'État de la Péninsule s'occupent du règlement des dettes de l'Espagne et de ses colonies et de la réorganisation des finances et des impôts ; ils songent aux moyens extraordinaires qu'il s'agira d'employer pour arriver à équilibrer le budget. De nouveaux impôts seront votés par les Cortès, et il n'est pas douteux que le pays supportera facilement les charges qui vont lui incomber. Tous comptes faits, on suppose que le budget des recettes n'atteindra, tout au plus, qu'un chiffre de 825 à 830 millions. « C'est là une charge relativement modérée, écrivait récemment un publiciste jouissant de quelque crédit, pour une population d'environ 20 millions d'âmes habitant un pays dont les richesses agricoles et naturelles sont loin d'être épuisées et même connues. Si la France était imposée dans une proportion aussi réduite, elle n'aurait à payer que 1 700 millions de contributions par an. Ce serait le retour à l'âge d'or, car elle en paye exactement le double. » Le pays devra donc se résigner à de plus durs sacrifices.

Au surplus, comme appoint de garantie de sa dette, l'Espagne possède d'importantes ressources en propriétés et biens territoriaux ; on les évaluait jadis à près de 2 milliards.

La dernière guerre lui a donc occasionné des dépenses considérables. Jusqu'à présent, elle n'avait pas voulu faire appel au crédit, mais elle s'y est enfin décidée sous la forme d'une émission de ses titres de la dette perpétuelle. Depuis dix ans elle n'avait pas recouru à cette suprême ressource. Cependant, la révolte seule de Cuba lui a coûté plus d'un million par jour. Elle est parvenue à expédier, sur les seuls navires de l'État, environ 225 000 hommes ; d'aucuns disent même 250 000 hommes. N'est-ce pas là la preuve d'une force, d'une vitalité qui ne sauraient être discutées ? L'Espagne a fait des efforts surprenants pour défendre ce qu'elle considérait comme un des plus beaux apanages de la couronne, et, déchargée désormais de trop graves soucis, elle reprendra peu à peu possession de l'intégralité de ses ressources.

Résumons-nous.

On le voit, l'Espagne a réalisé d'immenses progrès dans toutes les branches de son industrie et de son commerce ; les rendements de son agriculture ont considérablement augmenté, et la production générale s'est ressentie des améliorations qu'un gouvernement sage et économe des deniers publics cherchait à apporter à l'ensemble des divers services de l'État.

A la tête du gouvernement se trouvent, d'ailleurs, des personnalités d'une réelle valeur, et il n'est que juste de reconnaître leur mérite et de rendre hommage aux sentiments qui les animent.

La population très chevaleresque de ce pays, compatissant aux malheurs privés de la famille royale et séduite par les nobles vertus de la souveraine Marie-Christine, paraît avoir renoncé depuis longtemps aux désordres regrettables que les factions avaient l'habitude de provoquer, et elle se réjouit de la tranquillité qui règne aujourd'hui dans toute la Péninsule, malgré l'agitation de quelques personnalités remuantes. *Sub lege libertas*, telle est la devise que le gouvernement semble avoir adoptée. C'était le vœu du sympathique et à jamais regretté Alphonse XII, que le destin impitoyable ravit à l'affection des siens et de son peuple, et qui n'a pas eu la douleur d'assister aux cruelles épreuves subies par la nation. S'il lui était donné de revenir parmi nous, il serait sans doute heureux du spectacle consolant offert à l'heure actuelle par tous les Espagnols, réunis dans une commune entente et ayant abandonné tout esprit de révolte inutile pour se grouper autour de la Régente et de son fils, qui continuera un jour, il faut l'espérer, les glorieuses traditions laissées par ses prédécesseurs.

Nul plus que nous, Français, ne désire que l'Espagne voie sa prospérité se développer en raison des ressources abondantes dont la nature l'a pourvue. C'est une nation hospitalière, magnanime et généreuse, digne de notre estime et de notre sympathie.

LE PORTUGAL.

I.

Situé à l'extrémité sud-ouest de l'Europe, relié à l'Espagne, si l'on peut employer cette expression, étant donnés les monts escarpés qui séparent géographiquement les deux pays, par des chemins difficiles et dangereux, le Portugal a partagé, avec sa voisine, tout un passé de gloire et de triomphes maritimes et coloniaux. Comme elle, il a vu, dès les premiers siècles de notre ère, ses provinces ravagées par la conquête; comme elle, il a subi de durs revers et de sanglantes défaites, mais la vitalité du peuple portugais a résisté à toutes les catastrophes, et il a puisé dans ses malheurs mêmes comme une force et une vigueur nouvelles, nous étonnant toujours par son énergie et sa constance dans les périodes les plus critiques de son histoire.

Pas de pays également qui ait été aussi mal jugé, aussi mal décrit, aussi injustement attaqué que celui-là. On a été jusqu'à lui reprocher son manque d'activité, son absence d'initiative, au point de vue du progrès moderne. On a considéré les produits de son industrie comme quantité négligeable, les transactions de son commerce comme à peu près nulles, les ressources de son agriculture comme sans importance et sans intérêt. Autant de reproches immérités, autant d'erreurs commises sciemment ou par simple ignorance.

Nous voulons démontrer, au contraire, dans cette étude, que le Portugal est une région tout aussi productive que l'Espagne, avec qui il a tant d'affinité, capable de nous offrir les meilleurs résultats dans toutes les branches de son commerce, de son industrie et de son agriculture. Pour nous éclairer, nous devrons étudier le pays dans toutes les manifestations de sa vie intérieure, dans ses tentatives d'expansion au dehors, dans les multiples applications qu'il a su faire des produits retirés de son sol.

Auparavant, jetons un coup d'œil sur son passé.

On le sait, la partie du pays — et c'est la principale — formant l'extrémité occidentale de la Péninsule hispanique, a, de tout temps, figuré dans l'histoire sous le nom de Lusitanie. Les Phéniciens, dans leurs diverses pérégrinations, visitèrent cette contrée et finirent par s'y établir. La fertilité des terres, la richesse des produits les avaient frappés. Ils commercèrent avec les habitants, et ce fut une époque essentiellement heureuse pour le pays lusitanien, qui vit se fonder sur ses côtes de puissantes cités, des établissements considérables et prospères.

Vinrent ensuite les Carthaginois; ceux-ci soumirent toute la contrée, comme ils avaient soumis, d'ailleurs, le reste de la Péninsule. Mais leur triomphe devait être de courte durée : les Romains, leurs éternels rivaux, les chassèrent à leur tour, et la Lusitanie retomba sous la domination presque exclusive de ses nouveaux maîtres. Le commerce alors était nul.

Ce ne fut qu'au XIIIe siècle que le Portugal, conquis par Alphonse Ier, prit à peu près la forme que nous lui connaissons aujourd'hui. Des centres commerciaux se créèrent partout à la fois. On peut dire que ce prince fut le premier souverain qui gouverna véritablement le royaume et donna la plus vive impulsion aux transactions en général. Ses descendants l'imitèrent. Le commerce, l'agriculture et la navigation se développèrent dans de singulières proportions sous les rois de la dynastie d'Aviz. En effet, Jean Ier prit Ceuta, en Afrique, et y patronna une foule d'expéditions productives; Alphonse V, avec une flotte de 200 voiles et 20 000 soldats, s'empara d'Arzilla, de Tanger et de quelques autres villes du littoral et y établit d'importants centres d'échange; Jean II, de son côté, envoya dans l'Inde deux émissaires avec mission de lui fournir tous les renseignements nécessaires sur les ressources de cette contrée, cherchant à y nouer des relations commerciales avec ses habitants; il finit par y créer de nombreux comptoirs; Jean III favorisa, lui aussi, le commerce et la navigation et fit de Goa et de Lisbonne les deux villes les plus florissantes du globe. Une grande quantité d'îles et de terres inconnues furent découvertes. Porto-Santo, Madère, l'archipel des Açores, le Cap-Vert, la côte de Guinée, les îles de Saint-Thomas, de Fernando-Po, etc. Les Portugais se rendirent maîtres de presque tout le commerce de l'Orient, qu'ils arrachèrent aux Vénitiens. Goa devint en Asie le siège de transactions considérables et reçut dans son port presque tous les vaisseaux du monde.

Cette brillante période arriva malheureusement à son déclin à la mort du dernier représentant de la dynastie d'Aviz. Il semblait que l'effort eût été trop grand et que le Portugal y eût dépensé toute son énergie. Ses épreuves n'étaient pas finies, du reste : Philippe II d'Espagne s'empara de son territoire, et cette prise de possession dura plus d'un demi-siècle. Ce fut le duc de Bragance (plus tard Jean IV) qui affranchit son pays de la domination des Espagnols.

Mais, hélas! les Portugais avaient perdu leurs principales colonies, notamment les Moluques, Malacca, la Guinée, Pernambuco, etc. Leurs trésors avaient disparu; leur commerce, leur marine, les domaines dont ils étaient si fiers, tout cela était anéanti. La dynastie de Bragance rendit au Portugal une partie de ces richesses; elle étendit les relations commerciales au dehors et assura partout de nouveaux débouchés à la navigation. De grandes manufactures furent créées, les finances se relevèrent, et le pays put enfin jouir de quelque tranquillité.

Plus tard, sous le ministère du marquis de Pombal, le Portugal atteignit l'apogée de sa prospérité. Pierre III, qui succéda à sa mère, la reine Marie, suivit l'exemple de ses devanciers ; il abolit les compagnies de commerce et donna aux diverses branches du savoir humain la plus brillante impulsion.

Tous les autres souverains qui se sont succédé depuis Jean IV, à peu d'exceptions près, ont favorisé cette évolution des esprits et maintenu le Portugal dans la voie des réformes utiles et attendues. Aussi, ce royaume occupe-t-il, aujourd'hui, une des meilleures places parmi les nations intelligentes et instruites, capables d'initiative et d'énergie. Le Portugal a figuré honorablement à nos diverses expositions, où il a pu étaler à nos yeux tous les progrès qu'il a réalisés dans les arts, les sciences, aussi bien que dans l'industrie et le commerce.

Son passé, nous l'avons vu, est des plus glorieux ; il a lancé dans toutes les parties du monde des pionniers audacieux qui, partout, ont laissé des traces ineffaçables de leur passage ; des navigateurs célèbres par leurs découvertes et ayant acquis des droits imprescriptibles à la reconnaissance des peuples. Une nation qui n'a qu'à puiser dans ses annales pour y trouver des noms tels que ceux du prince Henri, de Cabral, de Pierre de Cintra, de Jean de Santarem, de Fernando Po, de Vasco de Gama, d'Albuquerque, etc., a le droit de s'enorgueillir ; elle peut envisager l'avenir avec confiance.

II.

On n'ignore pas que la partie continentale du Portugal, y compris l'Algarve, est bornée au nord et à l'est par le royaume d'Espagne, qui forme une longue bande de territoire avec les provinces de Galice, de Léon, d'Estramadure et d'Andalousie ; à l'ouest et au sud par l'Océan atlantique. La population, qui est de 5 049 000 âmes environ, n'était que de 3 800 000 âmes il y a trente ans ; elle a donc augmenté de près du tiers dans ce court espace de temps. Plus d'un million d'habitants se livrent aux travaux des champs, et les produits retirés du sol suffisent largement à les indemniser de leurs efforts. Si l'on jette un coup d'œil, en effet, sur l'ensemble des terres cultivées, l'on ne tarde pas à constater quelles vastes étendues ont été mises en exploitation, surtout du côté de Beira et dans le bassin de Porto. De magnifiques vallées descendent des plateaux et montrent à l'horizon des coteaux d'une végétation très verdoyante ; car le pays est beaucoup plus arrosé que l'Espagne. Ses fleuves, le Tage, le Douro, le Guadiana, aux rives sinueuses et pittoresques, parcourent une grande partie du territoire, répandant partout la fécondité et favorisant la culture d'une façon remarquable.

Quelques-uns de ces fleuves, il est vrai, charrient du sable, ce qui porte un tort sérieux à la navigation ; mais l'administration a déjà essayé de remédier à cet état de choses, et il faut espérer que de nouveaux travaux amélioreront encore le parcours de ces voies si utiles au développement de l'industrie des transports. De belles routes sont nécessaires aussi en Portugal. Le gouvernement s'est constamment préoccupé d'en créer de nouvelles, de manière à faciliter partout les communications de contrée à contrée.

Quant au climat du pays, qui se rapproche beaucoup de celui d'Espagne, c'est un des plus salubres que nous ayons en Europe, et les chaleurs y sont relativement supportables. Conséquemment, les produits en général, nous le répétons, y sont-ils des plus variés et de la meilleure qualité. On y cultive aussi bien le chanvre et le lin que le café, le tabac, la canne à sucre et le coton ; toutes les céréales : froment, seigle, avoine, riz, maïs, orge, etc., procurent d'abondantes récoltes. Le maïs, en particulier, qui présente plus de vingt variétés, fournit jusqu'à 17 hectolitres par hectare, dans certaines régions du nord, et les blés, qui se divisent commercialement en blés tendres et en blés durs, lesquels se subdivisent à leur tour en plusieurs types, offrent de même un produit des plus rémunérateurs.

Donnons ici quelques chiffres : il y a trente ans, le rendement des principales céréales, dans l'étendue du continent portugais, était d'environ 11 millions d'hectolitres. Le maïs figurait dans ce total pour près de 5 millions d'hectolitres; le blé pour 2 500 000; le seigle pour 2 millions; l'orge pour 1 million. Aujourd'hui, ce rendement s'est notablement augmenté, surtout celui du maïs qui atteint 7 500 000 hectolitres.

Nous n'avons pas à faire l'éloge des vins portugais, dont quelques-uns appartiennent à des crus fameux. Ils sont l'objet, pareillement, d'un très important trafic. Dans le pays, du reste, la vigne se cultive non seulement au flanc des montagnes, mais encore dans les vallées. En pleine région nord, on fabrique actuellement des vins dits *verts*, qui ont, quant au goût, une grande analogie avec ceux de Bordeaux et qui, comme ces derniers, jouissent d'une certaine réputation. Leur force alcoolique varie de 9 à 16 degrés.

Il va sans dire que la production vinicole s'est ressentie de cette vogue méritée. En 1865, elle n'était que de 2 millions d'hectolitres; elle s'élève aujourd'hui à 3 millions d'hectolitres environ. C'est le tiers en plus de la récolte de jadis.

Les céréales et les vins sont donc une des principales ressources du pays; mais il y en a d'autres encore qui augmentent sa richesse, notamment les fruits (oranges, citrons, amandes, figues, etc.), d'une qualité vraiment supérieure; le commerce en est fort répandu. On trouve aussi, en Portugal, des légumes excellents et, en général, tous les produits maraîchers, qui sont offerts sur ses divers marchés.

L'olivier, qui croît en abondance dans toute l'étendue du royaume, constitue, de son côté, une source de bénéfices. L'huile fabriquée en Portugal s'écoule, en effet, assez facilement; elle jouit, d'ailleurs, d'une juste réputation; elle peut rivaliser avec les meilleures huiles d'Europe. Le liège et les sparteries représentent également une des branches productives du pays. Le chêne-liège se rencontre spécialement dans les provinces méridionales; il s'en exporte partout de grandes quantités. On trouve même — ce qui n'existait pas jadis — dans l'Estramadure et les provinces du nord, d'importantes exploitations forestières. Les bois de toutes les essences : pins, chênes, térébinthes, marronniers, cèdres, frênes, noyers, châtaigniers, etc., abondent dans cette partie du Portugal.

Quant aux produits minéraux, ils sont presque aussi nombreux que ceux d'Espagne. On sait que la constitution géologique des deux pays est à peu près la même. On rencontre en Portugal quelques gisements de charbon, mais l'extraction de l'étain, du plomb, de l'antimoine, du soufre, du fer, du cuivre et du mercure a donné de tout temps des résultats on ne peut plus brillants. Les carrières de granit, d'ardoise, de porphyre et de marbre n'y sont point rares non plus. Tout cela est entré en exploitation et participe à la richesse du pays. On voit quel vaste champ d'opérations le Portugal peut offrir, à l'heure actuelle, aux pionniers intelligents qui voudraient y consacrer des capitaux. Enfin, des sources minérales et thermales, dont la majeure partie sont aux mains de compagnies fermières, se trouvent dans les différentes provinces; on peut les évaluer à une centaine environ.

Les pâturages, quoique excellents en Portugal, ne permettent guère l'élevage en grand du bétail, surtout de la race ovine. La sécheresse et le manque de prairies artificielles, dans quelques localités, ont été l'obstacle le plus sérieux au développement de cette branche de production. Le gouvernement s'est préoccupé, à plusieurs reprises, de cet état de choses et il a cherché à encourager les éleveurs dans les efforts qu'ils ont faits pour augmenter leur rendement. Il est supposable qu'on découvrira bientôt le moyen d'obvier aux inconvénients signalés, inconvénients qui se sont, depuis peu, atténués dans une certaine mesure. Déjà, les marchés anglais apprécient fort la race bovine portugaise, et il n'y a pas à douter que si l'élevage se perfectionnait encore, cette industrie n'assurât de grands profits à ceux qui s'y consacrent.

Il y a quarante ans (pour prendre les choses d'un peu loin) les produits généraux de l'élevage se totalisaient par un chiffre de 5 millions de têtes de bétail. Les bœufs figuraient, dans cet ensemble, pour plus de 500 000, les moutons pour 2 400 000, les chèvres pour 1 million, les porcs pour 900 000, les chevaux pour 70 000, les ânes pour 125 000 et enfin les mulets pour 40 000. Aujourd'hui, ces chiffres se sont considérablement élevés. On trouve 625 000 bœufs soumis à l'élevage, 3 millions de moutons, 1 million de porcs, 900 000 chevaux, 140 000 ânes; le reste est à l'avenant.

L'élevage des bœufs, surtout, paraît devoir se développer encore. Les croisements avec les races anglaises ont permis d'obtenir, d'ailleurs, des produits excellents, autant en vue de la production même que du travail agricole. La race de Barrozo, entre autres, est très estimée; elle est certainement supérieure à celles d'Aronca, de l'Alemtejo et de Miranda, pourtant déjà fort prisées des éleveurs. Il y a une trentaine d'années, le nombre des bœufs exportés par la douane de Porto s'élevait à 6 529, ayant une valeur de 454 705 000 réis; aujourd'hui ce nombre a plus que quintuplé, il s'élève à près de 33 000.

La race chevaline, très appréciée aussi, réclame particulièrement l'attention des autorités compétentes, quoiqu'elle se soit sensiblement améliorée depuis quelque temps et possède en ce moment les produits, très estimés, d'Alter et de Niza. Le gouvernement a, du reste, admirablement secondé les efforts des éleveurs pour donner à cette race toute la perfection désirable, en distribuant des prix et en fondant des haras. En revanche, les ânes et les mulets sont l'objet d'une éducation active de la part de la population agricole, de même que les chèvres et les moutons, qui paissent en grand nombre dans les prairies. En 1865, la laine produisait 4 625 643 kilogrammes (soit 2 960 812 en laine blanche et 1 665 031 en laine noire); aujourd'hui, ces chiffres ont augmenté dans de notables proportions. Quant à la volaille et au gibier, ils abondent un peu partout en Portugal.

Mais ce n'est pas seulement par l'élevage du bétail que se distinguent les populations agricoles du Portugal; l'éducation des vers à soie n'est pas non plus négligée par elles. Il existe dans le pays de nombreuses magnaneries, et la culture du mûrier, d'abord délaissée au commencement du siècle, y a été pratiquée ensuite avec un soin particulier. La production et la filature y ont été singulièrement perfectionnées, et cette industrie offre actuellement un rendement qui dédommage de leurs peines les personnes qui s'en occupent avec beaucoup d'activité.

Une autre branche de produits concerne ceux de la pêche fluviale et maritime; les fleuves du Portugal sont très poissonneux, en effet, et sur les côtes toute une population se livre à ce genre d'industrie ; le thon et la sardine, notamment, donnent lieu à un important trafic. On a compté jusqu'à 127 espèces de poissons recueillies dans les fleuves et sur les côtes. Cette branche d'exploitation est donc des plus florissantes. Le peuple y trouve, au surplus, un élément de subsistance fort apprécié. La merluche, le mulet, le merlan, le turbot, le gournal, le congre, l'anchois s'entassent dans les barils et vont figurer sur tous les marchés du royaume, ou bien sont l'objet d'un véritable commerce d'exportation.

III.

On sait qu'en matière commerciale le gouvernement a, depuis longtemps, aboli tous les privilèges qui ne se trouvaient pas justifiés par une raison d'intérêt public. Comme chez nous, les corporations de métiers ont tout à fait disparu, ce qui a soustrait le commerce et l'industrie à des vexations qui nuisaient à leur développement. L'État n'a conservé qu'un seul monopole, celui des poudres, s'interdisant la fabrication du savon et la culture du tabac, qu'il s'était jadis exclusivement réservées.

Le commerce est donc libre désormais. De son côté, l'administration des douanes a procédé à plusieurs réformes heureuses ; d'autres ont suivi, récemment, qui ont encore amélioré les rapports du commerce local avec celui du dehors. De nombreuses banques de crédit agricole et industriel ont été créées également, dont les opérations ont eu une influence marquée sur la production en général. Partout le gouvernement a secondé les initiatives privées et encouragé les tentatives faites en vue de développer toutes les ressources dont le sol portugais a été si largement pourvu.

Il n'a pas négligé non plus l'instruction professionnelle et industrielle, qui est venue en aide à l'instruction à tous les degrés. Aussi l'accroissement du commerce d'importation et d'exportation a-t-il été considérable depuis une série d'années. La mise en valeur des terres s'est de même perfectionnée partout, grâce aux nouveaux procédés de culture et à l'emploi des machines. La loi ayant favorisé, d'autre part, la circulation des biens-fonds, les sociétés de crédit dont nous parlons, y trouvant un surcroît de garantie, se sont préoccupées d'étendre leurs opérations et ont participé ainsi à l'amélioration de toutes les transactions commerciales ; il s'en est suivi une véritable prospérité dont, avec les bienfaits de la paix, les populations ont profité dans toute l'étendue du royaume. Les marchandises importées en 1896 s'élevaient à 282 030 000 réis et les marchandises exportées à 220 millions 210 000 réis.

On a souvent fait le reproche au Portugal de manquer de fabriques et de manufactures. Ce reproche est-il justifié ? On pourra en juger par les chiffres que nous allons mettre sous les yeux du lecteur, et il y a lieu vraiment de s'étonner de la légèreté avec laquelle certains écrivains se laissent aller, non seulement à des appréciations superficielles, mais encore à des critiques ne reposant sur aucun fondement.

Il est évident qu'aux premiers temps de la monarchie portugaise, les habitants de ce royaume n'avaient guère le loisir de s'occuper d'industrie, ayant à soutenir des guerres continuelles, aussi bien avec les Maures qu'avec leurs propres voisins.

Les paysans, les ouvriers étaient obligés de s'armer de tous côtés. Mais lorsque le pays put jouir de sa complète indépendance, les choses changèrent de face. Les habitants, n'ayant plus à défendre leurs foyers menacés, revinrent à leurs anciens travaux; ils employèrent leurs aptitudes dans toutes les branches d'exploitation qui réclamaient leurs soins. Alors l'agriculture reçut des encouragements, le commerce reprit, et des manufactures (ces manufactures dont on semble regretter l'absence en Portugal) furent créées, qui occupèrent une multitude de travailleurs, jusque-là restés dans l'inaction.

Plusieurs siècles s'écoulèrent, et, plus tard, vers 1751, lorsque le marquis de Pombal, qui avait fait venir du dehors des maîtres et des ouvriers de tous les corps de métiers, voulut rivaliser avec les produits manufacturés de l'extérieur, l'industrie, de plus en plus favorisée, se montra la digne rivale de toutes celles qui florissaient à cette époque en Europe. Le Portugal produisait des cotons de la meilleure qualité, des lainages excellents, des toiles, des soies, des draps, des tissus d'or et d'argent dont la confection ne laissait absolument rien à désirer; à ce point que, sous don Pedro II, le ministre de la Grande-Bretagne, Méthuen, dut conclure un traité pour faire exonérer de taxes trop fortes les draps anglais, qui n'arrivaient plus à faire concurrence à ceux du pays, ce qui portait le plus grand préjudice à l'industrie du Royaume-Uni.

Au commencement de ce siècle, le Portugal exportait, en objets fabriqués et manufacturés destinés à ses possessions d'outre-mer, pour environ 21 millions 1/2 de francs. C'était là, comme on le voit, une branche assez productive de la richesse nationale. Il y avait, parmi ces objets, des armes, des cordages, des bijoux, des chapeaux, des faïences, des métaux travaillés, des papiers, des rubans, des meubles, des nattes, du savon, des tissus divers, des peaux, des toiles cirées, des verreries, de la vannerie, du tabac, et jusqu'à du chocolat et de la confiture.

Lisbonne, en effet, fabriquait une foule de produits, entre autres des armes excellentes; Porto, de la bijouterie; Coïmbre, des chapeaux; Portalègre, des draps; Santarem, des eaux-de-vie; Beja, de la faïence; Braga, des ferrures; Buarcas, des objets en fonte; Thomar, des cotonnades; Alemquer, des papiers de tous genres; Campo-Grande, des soieries; Guimaraès, des toiles; Torrès-Vedras, des peaux travaillées; Marinha-Grande, des verreries, etc.

Comment accuser le Portugal de manquer de fabriques et de manufactures quand, de nos jours encore, toutes ces industries sont des plus prospères et livrent quantité de marchandises à l'exportation? Sous l'empire des modifications apportées à la législation douanière en 1837, l'industrie, il faut le constater, a fait des progrès incessants. Elle compte aujourd'hui à peu près 1 800 établissements qui occupent environ 30 000 ouvriers; tandis qu'au début du siècle, on ne comptait que 456 fabriques ou usines et 8 000 ouvriers tout au plus.

D'ailleurs, les Portugais fabriquent tout ce qui est nécessaire à leurs besoins. Ils excellent surtout dans la broderie. Il est tel travail de ce genre, exécuté à Lisbonne, qui ferait l'admiration de nos ateliers de lingerie. Quant aux modes, si les Portugaises confectionnent avec plus de solidité que de goût, en général, cela tient à ce qu'elles se trouvent loin du centre de la fashion cosmopolite; mais, mettez à la tête d'un atelier de Lisbonne ou de Porto, par exemple, une Française tant soit peu au courant des modes nouvelles, et le travail sera tout aussi bien fait que s'il sortait d'un de nos grands magasins achalandés. En outre, certains corps de métiers livrent leurs commandes sans le moindre défaut. Qui ne connaît le fini, la consciencieuse exécution des travaux confiés aux tailleurs, aux cordonniers portugais, notamment ?

Lisbonne et Porto forment, il est vrai, le district le plus industrieux du royaume ; cette dernière ville emploie à elle seule plus de 9 000 ouvriers. La fabrique de draps de Covilhâo, particulièrement, a fourni plus de 50 000 pièces à la consommation depuis un demi-siècle ; celles de Portalègre et de Govea en ont peut-être produit autant. Une manufacture renommée, encore, est celle d'Arentella, dont les draps sont d'une qualité supérieure. Quant aux soieries de Portugal, elles ont été longtemps préférées à celles d'Angleterre. Ses fabriques de coton ont également ment joui d'une certaine vogue et reçu un grand développement.

Une des plus anciennes industries du royaume, et qu'il serait injuste d'oublier, est celle de l'orfèvrerie et de la bijouterie ; au surplus, les Portugais et Portugaises ont eu de tout temps un goût très prononcé pour les joyaux. De même, la carrosserie est en grand progrès, ainsi que les industries du meuble, de la verrerie et de la poterie. Il y a bien d'autres objets de fabrication que nous pourrions mentionner encore, mais ceux que nous avons cités suffiront pour faire comprendre quelle diversité de produits le Portugal est en mesure d'offrir aux consommateurs et quelles améliorations ont été apportées, dans l'espace d'un demi-siècle, aux différentes branches de son industrie et de son commerce.

Les travaux publics n'ont pas été non plus négligés en Portugal. Depuis une série d'années, ils ont reçu une impulsion vigoureuse. Songez qu'au commencement du siècle, la route de Lisbonne à Coïmbre, pour ne parler que de celle-là, était en si mauvais état qu'elle n'existait pour ainsi dire point. En 1838, la loi du budget attribua 201 724 875 réis à ces travaux. Quelques années plus tard, vers 1852, le ministère des travaux publics fut organisé, et l'on résolut de lui consacrer une somme de 1 603 173 885 réis ; on porta 719 990 162 réis au chapitre des constructions de routes, 346 662 877 à celui des chemins de fer, et l'on appliqua le reste à d'autres travaux. Aussi, en 1862, soit dix ans après, les routes qui n'avaient que 218 lieues de développement s'étaient prolongées de 109 lieues, et, en 1865, on comptait 439 lieues d'extension totale ; ce prolongement de 221 lieues avait coûté plus de 11 millions de réis.

Les travaux de chemins de fer ont été poursuivis également avec énergie. La première ligne créée fut celle de Lisbonne à Corregado, en 1856 (37 kilomètres). En 1864, il n'y avait encore que 245 kilomètres de construits. A partir de cette époque, les lignes se sont multipliées, et, aujourd'hui, le Portugal a 2 358 kilomètres en exploitation. L'accroissement du commerce et la prospérité de plusieurs villes du royaume ont été la conséquence de ces travaux entrepris avec ardeur et célérité. En facilitant les moyens de communication, ils ont mis en rapport des centres de population jusque-là inconnus les uns des autres. Des débouchés nombreux ont été assurés qui ont donné à toutes les transactions une activité plus grande. Que reste-t-il à faire en ce moment ? Poursuivre le tracé des chemins de vicinalité, de façon à mettre en contact plus direct les campagnes avec les villes ; c'est ce à quoi a songé le gouvernement et ce dont il faut le féliciter.

Les communications postales se sont grandement améliorées en même temps. Ce n'est qu'en 1852 que le service de la poste a été monopolisé par l'État. Depuis, on a créé quantité de bureaux, et, à l'heure actuelle, ces offices sont au nombre de 4 356, alors qu'on n'en comptait que quelques centaines il y a une trentaine d'années.

Pareillement, les lignes télégraphiques ont reçu un large développement. En 1866, l'extension de ces lignes n'était que de 3 323 kilomètres, n'ayant que 5 301 kilomètres de fil conducteur; leur longueur est aujourd'hui de 7 245 kilomètres environ, avec 15 101 kilomètres de fil. Le nombre des bureaux n'était, à cette même époque, que de 108; il est actuellement de 380. En 1864, il y a par conséquent un peu plus de trente ans, il n'existait encore que 2 194 kilomètres de lignes, 2 763 de fil et 70 stations seulement.

Pour compléter notre étude, donnons une idée de l'importance des établissements coloniaux du Portugal. En Afrique, il possède les îles du Cap-Vert, de Saint-Thomas et du Prince, la Guinée, Angola et quelques parcelles de territoire dans l'Afrique orientale. La superficie de ces possessions est d'environ 2 millions de kilomètres carrés; la population s'élève à plus de 20 millions d'habitants. En Asie, il a ses colonies de l'Inde, de Macao, de Timor et Kambing, dont la superficie est de 19 970 kilomètres carrés et la population de près de 900 000 habitants.

Nous avons rappelé les vaillants exploits accomplis jadis sur mer par les marins portugais allant à la découverte de terres inconnues. Leur navigation actuelle, évidemment, n'a plus la même importance qu'autrefois. Lisbonne, qui fut pendant longtemps le port le plus fréquenté du monde, à cause de son commerce avec l'Inde, a conservé, néanmoins, des rapports très suivis avec le dehors. Les transactions y sont des plus actives et les autres ports, au nombre d'une trentaine environ, sont l'objet d'un mouvement relativement important, spécialement ceux de Porto, de Sétubal, de Figueira, de Villanova, de Portimaô, etc. Au surplus, les Portugais, en fait de navires, construisent assez bien; les bâtiments qui sortent de leurs chantiers ont de l'élégance et de sérieuses qualités nautiques; ils sont légers, solides et d'excellente forme.

Maintenant, disons un mot des finances du Portugal. On n'ignore pas que c'est par la bonne administration de ses finances qu'un pays se distingue particulièrement. C'est la pierre de touche, en quelque sorte, de toute bonne organisation intérieure. De ce côté-là encore, il y a une légère amélioration. Les recettes de l'État proviennent des impôts directs et indirects et de revenus divers. Voici, brièvement résumé, l'établissement ordinaire de son budget : les impôts directs produisent un chiffre de 12 millions environ; l'enregistrement, 2 755 000 fr.; le papier timbré, 2 231 000 fr.; les contributions indirectes, 25 137 000 fr.; les impôts additionnels, 1 086 000 fr.; les revenus des propriétés nationales, 4 813 000 fr. et les recettes d'ordre, 3 525 000 fr. Au total, un peu plus de 55 millions de recettes.

Quant aux dépenses de toute nature, elles atteignent à peu près le même chiffre. Nous trouvons, dans ce chapitre, 7 198 000 fr. pour intérêts et amortissement; 17 833 000 fr. pour la dette publique; 525 000 fr. de liste civile et d'apanages, etc. Le reste concerne les dépenses des différents ministères, dans lesquelles sont comprises les charges pour travaux publics, routes, chemins de fer, télégraphes, etc.

Le Portugal a traversé jadis des situations fort embarrassées. Heureusement, sous la sage impulsion des hommes qui sont aujourd'hui au pouvoir, le crédit public s'est graduellement raffermi et les divers services de la Dette fonctionnent d'une façon à peu près normale et régulière. L'administration, de son côté, a subi un grand nombre de réformes, qui ont permis d'assurer partout une plus équitable répartition des charges publiques. Enfin, sous le sceptre d'un roi jeune et vigoureux, animé de l'esprit de progrès, plein de bonnes intentions, préoccupé surtout du bonheur de son peuple, admirablement conseillé, d'ailleurs, par une compagne intelligente et dévouée, l'ordre s'est peu à peu établi en Portugal, et cela sans sévérités inutiles, sans compression d'aucune sorte, par la seule action des lois; car le peuple portugais, un des plus actifs, des plus vaillants entre tous, est facile à gouverner; il comprend qu'on ne peut jouir des bienfaits de la paix, des avantages de la civilisation, qu'à la condition de s'incliner devant le régime légal, d'entourer d'affection et de respect le pouvoir que tant de siècles ont consacré, et qui, toujours, s'est associé à la bonne comme à la mauvaise fortune du pays. Il est né de cet accord entre le roi et la nation un attachement solide et raisonné que ne parviendraient pas à rompre des malentendus passagers.

Comme l'Espagne, le Portugal s'achemine donc vers des destinées heureuses. Il n'a qu'à persister dans la voie des améliorations utiles, du progrès matériel et moral tout à la fois.

NANCY, IMPRIMERIE BERGER-LEVRAULT ET Cie.

www.ingramcontent.com/pod-product-compliance
Lightning Source LLC
Chambersburg PA
CBHW061705050726
47598CB00004B/1704